alfred jarry
léda

CHRISTIAN BOURGOIS ÉDITEUR

LÉDA

ALFRED JARRY

LÉDA

Préface de Noël ARNAUD
Introduction et notes par Henri BORDILLON
Postface de Patrick BESNIER

CHRISTIAN BOURGOIS EDITEUR
8, rue Garancière - PARIS VIᵉ

IL A ÉTÉ TIRÉ DE CET OUVRAGE
¡VINGT-CINQ EXEMPLAIRES SUR
VERGÉ DE HOLLANDE DES PAPE-
TERIES VAN GELDER DONT CINQ
EXEMPLAIRES HORS COMMERCE
NUMÉROTÉS DE H.C 1 A H.C. 5
ET VINGT EXEMPLAIRES NUMÉ-
ROTÉS DE 1 A 20. LE TOUT
CONSTITUANT L'ÉDITION ORIGI-
NALE, ET DEUX MILLE SEPT
CENTS EXEMPLAIRES SUR BOUF-
FANT   BLUM   ET   ROCHAT
DONT   DEUX   CENTS   EXEM-
PLAIRES   RÉSERVÉS   AUX   MEM-
BRES DE LA SOCIÉTÉ DES AMIS
D'ALFRED JARRY.

© Humanities Research Center-The University of Texas
© Christian Bourgois éditeur, 1981
ISBN 2-267-00250-7

LE RETOUR DE LEDA

Curieux volatile décidément que *Léda,* un volatile qu'on pouvait craindre à jamais volatilisé.

Le cygne, compagnon obligé de Léda, est par bonheur un zoizeau plutôt pataud. Sorti de l'onde, posé à terre, il se déplace à grand-peine sur ses courtes pattes entravées d'énormes palmes, et ses tentatives d'envol échouent de façon comique. Notre *Léda,* celle de Jarry, a pourtant bien failli nous échapper. Zeus semblait vouloir effacer toute trace d'une de ses nombreuses turpitudes.

La dernière apparition de *Léda* aux yeux des mortels remontait à l'an 1943 de l'ère chrétienne, apparition fugace puisque les seules plumes qu'elle nous laissait se réduisaient à une notice du catalogue n° 2 de la librairie Jean Loize. On apprenait ainsi qu'avait été offert — et vendu — un

7

cahier de quatre-vingt-dix pages, toutes écrites de la main de Jarry, portant le titre de « *Léda,* opérette bouffe en un acte, par Alfred Jarry et Karl Rosenval ». La notice du catalogue énumérait les personnages de la pièce : Dzeus, roi de l'Olympe ; Tyndare, roi de Sparte ; Léda, femme de Tyndare ; Aglaia et Anne-Anké, suivantes de Léda, et indiquait que le décor, précisé par un dessin sur le manuscrit, représentait un jardin au bord de la mer.

Rien d'autre que cette carte de visite ne subsistait de *Léda.* Le cygne avait regagné l'Olympe et, comme il se l'impose hélas depuis le triomphe de l'Imposteur, ne donnait plus signe de vie au pauvre monde. Les mots de Jacques Prévert (*Léda* dans *Fatras*) résonnaient lugubrement au cœur de toutes les femmes, écho d'un âge d'or depuis longtemps révolu : Vit de cygne. Signe de vie.

Et pourtant, comme s'il voulait, tout en nous rappelant à nos devoirs, manifester sa sollicitude envers les dévots du Père Ubu, Zeus, en 1953, consentait à répandre sur l'inoubliable Expojarry-sition organisée par le Collège de 'Pataphysique en cette même librairie Jean Loize qui avait dix ans auparavant laissé s'enfuir *Léda,* quelques-uns de ses doux duvets. On vit alors passer dans le lointain une *Léda* estompée par la brume du temps, et d'autant plus tentatrice, une ombre de *Léda,* une silhouette, sous l'apparence d'un brouillon de huit pages manuscrites appartenant alors à Tristan Tzara.

D'une comparaison avec le texte complet et définitif publié ici, il ressort que ce brouillon ne nous livre qu'une ébauche d'un des deux couplets de Tyndare à la scène II ; une esquisse du début (l'arrivée de Dzeus) et de la partie centrale (la scène et l'air du champagne) de la scène IV ; un infime morceau (les deux répliques de Dzeus se présentant comme danseur au Châtelet et de Tyndare, nommé dans le brouillon Tyndarus) ; les quatre vers du quatrième couplet de Dzeus et la réplique d'Aglaia de la scène VI, du reste biffés mais qui seront repris dans la version finale ; trois répliques de Léda et de Dzeus et l'air de Léda dans le dialogue de la pastille de la scène IX ; les deux couplets et refrains de Léda du milieu de la scène X. Trois pages du manuscrit sont ornées dans les marges de vingt-quatre gribouillis à la plume, surtout des masques, certains en rapport avec *Léda* (quatre cygnes), d'autres non : un squelette à genoux... et même un faciès du Père Ubu (à moins que Jarry n'ai voulu signifier, en son intime, l'identité de Zeus et du Maître des Phynances). Ces dessins ont été reproduits dans *Peintures, Gravures et Dessins* d'Alfred Jarry, préfacés et commentés par Michel Arrivé, Collège de 'Pataphysique, an 95 [1968].

Du brouillon de *Léda*, on rencontre — à vrai dire on a peu de chances de rencontrer — une fort rare édition hors commerce, imprimée en 1958 à l'exclusive jubilation de cent moins un hauts personnages qui la serrent jalousement dans leurs coffres. Plaie ouverte au flanc des chercheurs jarrystes que ce petit manuscrit Tzara, et aussi leur aiguillon qui, des années durant, ne perça que du mou ! Nos personnelles investigations dans les années 60, nous les menâmes dans le presque seul espoir de jeter enfin notre filet sur *Léda*. Elles nous mirent en possession de cinq pièces inédites de Jarry [1], toutes de la veine bouffe. Cinq opéras bouffes de Jarry levés au cours de notre battue,

---

1. Alfred Jarry : *le Manoir enchanté et quatre autres œuvres inédites* (*Pieter de Delft, l'Amour maladroit, Jef, le Bon Roi Dagobert*), présentées par Noël Arnaud, Ed. de la Table Ronde, 1974.

certes nous n'allions pas nous en plaindre. Mais *Léda* toujours absente, peut-être perdue sans retour, de cela nous restions inconsolable.

Que savions-nous au juste de *Léda* ? Le catalogue Jean Loize avait jeté quelques lueurs sur une lettre assez sibylline adressée par Berthe Danville à Jarry et conservée dans les archives de Mme Gabrielle Fort-Vallette, fille de Rachilde et d'Alfred Vallette, parmi d'autres papiers de Jarry en provenance de sa sœur Charlotte via Rachilde. Berthe Danville était l'épouse d'Armand Blocq, dit Gaston Danville, titulaire de la chronique de « Psychologie » au *Mercure de France,* futur fondateur d'une société par actions pour les transports Paris-Londres en dirigeable, qui avortera, et plus tard directeur du music-hall parisien le Coliseum, qui le ruinera, mais aussi, entre deux entreprises commerciales saugrenues, l'éditeur en 1911, avec le docteur Jean Saltas, des *Gestes et Opinions du docteur Faustroll, pataphysicien,* suivi de [quelques] *Spéculations*. On n'ignorait pas que Berthe Danville s'était, à l'instar de sa grande amie Rachilde, affublée d'un pseudonyme viril, à savoir Karl Rosenval, et qu'elle signait de ce nom sonore des notes de lecture à la rubrique des romans tenue en chef au *Mercure* par ladite dit Rachilde. Cette lettre de Mme Danville à Jarry, datée du 29 avril 1900, écrite sur papier à en-tête du « Palais de la Femme/à l'Exposition de 1900/Société anonyme/Siège social : 24, rue Drouot », la voici :

> *Cher et révérend Père Ubu,*
> *Je viens de voir M. Terrasse ; il est* entendu *que nous nous* entendrons *chez nous* lundi soir *à table si vous consentez à être des nôtres ce soir-là.*
> *Vous savez n'est-ce pas que nous lisons la pièce grecque* jeudi, *et qu'elle sera jouée dès le* 15 !
> *A bientôt donc !*
> *Amicalement*
>
> B. Danville.
> *Amitiés de celui qui copataphysique.*

Admis que nulle « pièce grecque » n'enrichissait notre corpus dramatique de Jarry, même après la découverte du *Manoir enchanté,* scène moderne si la hante le fantôme de Cagliostro, et des quatre autres opéras bouffes, qui ne se montrent aucune-

ment hellènes (l'un évoquant la faïence flamande,
l'autre les ennuis d'un automobiliste-1900, le troisième les grosses blagues bruxelloises et le dernier
les embarras vestimentaires d'un roi mérovingien),
et à rapprocher la lettre de Mme Danville de la
notice du catalogue Jean Loize et du brouillon
Tzara, nous étions, et demeurons enclin à retenir
l'hypothèse d'une identification absolue de *Léda*
et de la pièce de laquelle vont s'entretenir ce soir
de mai 1900 Jarry, Karl Rosenval et Claude Terrasse. Nous nous garderons cependant de nous
pencher au bord de cette hypothèse jusqu'à nous
y noyer tant peuvent nous révéler de surprises les
possibles surrections de nouveaux inédits de Jarry.
Et puis on peut se demander si l'entreprenante
Mme Danville ne tente pas d'intéresser son corres-
pondant à d'autres de ses productions théâtrales :
l'Heure du berger, dont il va être question dans
sa prochaine lettre, et *l'Amour en bouteille* seront
créés en cette année 1900, et la première à une
semaine de la date que fixe Mme Danville pour
la représentation de *Léda.* Jarry aurait-il apporté
son concours à *l'Heure du berger ?* Ce n'est pas
impossible. Comme on le soupçonne d'avoir prêté
la main à *Jules ou les Nèfles de l'Alaska* du même

ALFRED JARRY

(ou de la même) Karl Rosenval, joué au Grand-
Guignol en décembre 1902 et qu'il enduira d'élo-
ges dans *la Revue Blanche* du 1ᵉʳ janvier 1903. Il
est arrivé à Jarry de se mitonner des autolouanges
bien senties, et, comme dans le cas de *Jules,* son
nom n'intervient pas, il pouvait taire tout scru-
pule. Quant à *l'Amour en bouteille* de Franc-
Nohain, un esprit aussi perspicace que Jean-
Hugues Sainmont ne rejetait pas l'idée que Jarry
et Karl Rosenval y eussent ensemble collaboré.
Auprès de Claude Terrasse, avec qui il travaillait
à la grande « pièce nationale » *Pantagruel,* annoncée pour être un des événements de l'Exposition
de 1900, et dans l'entourage du compositeur, Jarry
s'était taillé une solide réputation de librettiste :
on ne compte plus — outre le massif et sans cesse
recommencé *Pantagruel* — les opérettes auxquel-
les l'associe ou veut l'associer, et avec quelle roide
autorité, l'actif et exigeant Claude Terrasse ; et
il est fort vraisemblable que le musicien, en pleine
frénésie créatrice et devant qui s'ouvrait la car-
rière d'un Offenbach, a maintes fois utilisé Jarry
à des travaux anonymes de rafistolage de livrets.
Le dîner-débat, qui doit, selon le vœu de Karl
Rosenval, se clore par une entente avec Claude

14

Terrasse, pouvait avoir pour objet toute autre pièce que la « pièce grecque ».

La seconde lettre de Berthe Danville à Jarry donne, en revanche, un sérieux coup de pouce à notre présomption d'une similitude étroite entre la « pièce grecque » et *Léda*, et entame tant soit peu notre circonspection. Le « costume de cygne », il est dans *Léda*, et nulle part ailleurs parmi les concrétions rosenvaliennes à l'instant mentionnées. La lettre — sans en-tête cette fois — n'est pas datée, mais tout porte à croire qu'elle suit de peu celle du « Palais de la Femme » :

> *Jeudi*
>
> *Révérend P. Ubu,*
>
> *J'ai vu M. Terrasse tantôt.*
>
> *Nous viendrons, mon mari et moi vous prendre* samedi *à 4 h 1/2.*
>
> *Vous assisterez, si vous le voulez bien à la répétition de* l'Heure... *puis nous nous rendrons de concert à celui des Folies-Parisiennes pour y re-présenter notre ours, en liberté.*
>
> *A propos de ce dernier, je crois qu'il serait bon d'ajouter (oui... encore !) les répliques*

que vous trouverez ci-jointes, expliquant le choix du costume de cygne (autrefois expliqué tout naturellement par le seul nom de Lohengrin.)

Je vous laisse le soin de les caser et de faire tous raccords nécessaires car moi je ne possède pas le manuscrit modifié.

Nos amitiés, à tous deux, pour Votre Révérendissime Majesté.

B. Danville.

On notera, sans en tirer de conclusion négative ou positive quant à l'exhibition publique de *Léda* sur laquelle nous manquons d'informations sûres, qu'il ne s'agit pas de représenter la pièce, mais de la re-présenter, nous croyons pouvoir traduire : de la présenter à nouveau, à la direction des Folies-Parisiennes supposons-nous, et non à des spectateurs payants ou mondains.

Les répliques, jointes à la lettre, n'ayant pas été retrouvées, la part prise par Karl Rosenval à la rédaction de *Léda* reste, pour l'heure, inévaluable. Que le manuscrit vendu par Jean Loize en 1943 à un amateur inconnu ait été en son intégrité de l'écriture de Jarry ne constitue pas une preuve formelle d'une exclusive rédaction par Jarry. En ce temps où la machine à écrire était encore d'un usage rare, surtout dans le milieu du *Mercure de France,* audacieux et même parfois révolutionnaire dans ses opinions au moins littéraires et artistiques, et par Gourmont philosophiques, mais on ne peut plus conservateur quant aux conditions de travail de ses rédacteurs (on y refusera le téléphone et la lumière électrique jusqu'après la guerre de 1914-1918), il était fréquent que les co-auteurs d'un même ouvrage, et particulièrement d'un ouvrage dramatique qui nécessite plusieurs exemplaires (pour le metteur en scène, le musicien, les comédiens...), se partagent le travail de copie du texte et fassent même appel, l'heure pressant, aux parents, amis, invités afin de multiplier les brochures : c'est ainsi que dans le gros dossier du *Pantagruel,* œuvre de Jarry fondamentalement et accessoirement d'Eugène Demolder, nous avons trouvé, conformes à la version magistrale, plusieurs recopies de diverses mains qui ne sont ni celle de Jarry ni celle de Demolder ou de Terrasse. Il reste que les « facilités » reconnues à Jarry pour trousser les couplets et que confirme, de façon presque lassante, la correspondance de

Claude Terrasse à propos de telle ou telle opérette (du genre : ce ne sera rien pour vous de récrire cette scène ou cet acte...), laissent à penser que Jarry fut, une fois de plus, avec *Léda,* un infatigable tâcheron et que l'écriture de cette pièce, et non seulement sa calligraphique copie, peut lui être, sans grands risques, à peu près totalement attribuée. Le dernier paragraphe de la seconde lettre de Berthe Danville est, à cet égard, significatif.

Vingt ans durant, la nuit s'épaissit sur l'Olympe. Et soudain, oui vingt ans après la timide, morcelée, embryonnaire émersion de *Léda* dans l'opuscule de vingt pages, de format 13 ½ × 10, reproduisant le texte du brouillon Tzara, *Léda,* à notre ébahissement, ressurgit dans sa splendeur intacte, retraverse notre ciel, accompagnée du cygne divin, le col turgescent et tout son plumage, *Léda* inaltérée, *Léda* parfaite enfin nous revient. Et de loin, par un long chemin qui l'avait conduite de Paris à l'Université du Texas à Austin (U.S.A.).

Là-bas, en 1976, se tenait, sous le titre *Baudelaire to Beckett,* une exposition d'un nombre imposant de livres, manuscrits et documents honorant *a century of french art and literature.* Etaient

présentés quelques-uns des trésors, parmi beaucoup d'autres, conservés à l'université. S'il se
répandait aujourd'hui dans nos villes, le catalogue
de l'exposition, un volume de deux cents pages,
décrivant avec science et précision, plus de cinq
cents pièces, illustré d'autographes, de dessins, de
portraits, de couvertures de livres, etc., tous d'un
prix insigne pour la connaissance de notre histoire,
devrait logiquement condamner au suicide le corps
complet des bibliothécaires de France. Dans cette
Alexandrie de notre temps, *Léda* se montre ainsi
décrite (en anglais, nous traduisons) :

> 268. *Léda. Opérette bouffe en un acte, par Alfred
> Jarry et Karl Rosenval* [Berthe Danville]. Manuscrit
> olographe, 46 pages, petit in-quarto.
> Jarry rencontra Berthe Danville au cours de l'hiver
> 1897. Avec sa collaboration, il écrivit *Léda* en 1899-
> 1900. *Léda* fut représentée le 15 mai 1900, mais n'a
> pas fait l'objet d'une publication.
> Le manuscrit est entièrement de la main de Jarry.
> Sur la première page, il a écrit le titre, la liste des
> personnages, et tracé un petit croquis du dispositif
> scénique.

Le séducteur de Léda, le nouveau Zeus, et combien plus favorable aux pauvres humains (et à la

littérature française qu'il aime et pratique à merveille), celui qu'elle consentit à suivre par-delà l'Atlantique et qui nous la confie aujourd'hui, miraculeusement préservée, se nomme Carlton Lake, directeur de l'Humanities Research Center de l'Université du Texas, longtemps critique d'art à Paris pour *The Christian Science Monitor,* collaborateur de *The Atlantic Monthly,* de *The New Yorker* et d'autres périodiques, auteur de livres et d'articles sur Picasso, Chagall, Dali, Giacometti, Henry Moore, co-signataire de l'ouvrage explosif de Françoise Gilot : *Vivre avec Picasso* [1], maintenant professeur d'histoire de l'art à l'Université d'Austin et conservateur des collections françaises. Carlton Lake a rédigé les notices, excellemment informées, et écrit la préface du catalogue *Baudelaire to Beckett* qui nous a rendu *Léda,* mais il a fait bien davantage, puisque cette collection-modèle est due à sa personnelle initiative ; qu'il l'a formée lui-même par ses propres acquisitions au cours de quarante années de recherches, avant de la remettre à l'université.

---

1. Paru d'abord en anglais (1964) ; édition française Calmann-Lévy, 1965.

Si maintes pièces de la collection ont exigé longue quête, persévérance, ingéniosité pour devenir la propriété de Carlton Lake, les circonstances de sa découverte de *Léda* sont au contraire d'une banalité à empourprer de honte ou jaunir de dépit le front des jarrystes européens. Vivant à Paris, il reçoit, au début de mai 1970, le catalogue d'une vente de lettres et de manuscrits autographes qui doit avoir lieu le 12 mai à l'Hôtel Drouot. Cent vingt-cinq numéros sont inscrits, masse hétéroclite ; un seul éveille la convoitise de Carlton Lake, le n° 125, dernier lot de la vacation : le manuscrit de *Léda*. Le 12 mai 1970, Carlton Lake est à la Salle des Ventes. Longue vacation. Enfin, on arrive au n° 125 : mise à prix, 300 francs ! Mais aussitôt les enchères montent de tous côtés. Carlton Lake s'accroche : il tient à *Léda*. Au bout du compte, ils ne sont plus que deux à se la disputer. Encore un effort, et Carlton Lake l'emporte. Après la vente, il se rend dans une librairie du quartier ; toute la corporation y est réunie ; son concurrent est là qui lui lance, d'un ton agressif : « Monsieur, sachez que c'est moi qui achète les Jarry ! »

Dans sa préface au catalogue *Baudelaire to*

Beckett, Carlton Lake souligne qu'aucune autre littérature n'a eu plus durable influence que la littérature française ; le théâtre notamment aura partout, à ses yeux, contracté une dette à long terme envers nos auteurs, dont, en premier lieu, Alfred Jarry.

Fidèle à cette vision de l'histoire littéraire mondiale, Carlton Lake a bien voulu s'en remettre à la Société des Amis d'Alfred Jarry et à un éditeur français du soin de publier la mystérieuse, la tant désirée *Léda,* grâce à lui corrigée de ses humeurs fugueuses. Nous lui en sommes reconnaissants.

Henri Bordillon dit un peu plus loin, et Patrick Besnier dans sa postface, ce que la *Léda* de Jarry doit aux opérettes et récits érotico-mythologiques du XIXe siècle et ce qui l'en distingue. Notre propos n'était pas d'analyser le texte, mais plus modestement d'en retracer l'histoire, par elle-même et pendant longtemps énigmatique — ou du moins ce que nous en savons car le manuscrit s'est parfois ensablé en des lieux indéterminés ; nous éviterons donc d'empiéter sur les commentaires de Bordillon et Besnier, sauf pour remarquer au passage que Jarry n'hésite pas à rééditer (tout en

22

laissant Zeus, par un effet de chleuasme, protester contre) le jeu de mots éculé sur *signe* et *cygne* inspiré de la vieille plaisanterie, déjà attestée par Pierre Larousse dans son *Grand Dictionnaire du* XIXe *siècle,* du jeune homme que tentait d'aguicher une hétaïre et qui s'en défend par ces mots : « Tu as beau me faire signe, tu ne seras pas ma Léda. » Si l'on ajoute que dans la Rome antique, le mot leda (autre référence encyclopédique) désignait une danse lascive durant laquelle on imagine aisément les mouvements du col de cygne et ceux de la reine de Sparte, nous rejoindrons sans réserve les autres commentaires à la présente édition. Le moindre intérêt du texte ici révélé n'est pas de confirmer, sous sa légèreté apparente et jusque et surtout dans ses variations par rapport à la légende, le jugement foncier de Jarry sur la femme qu'il ne vit jamais qu'en prostituée. Aussi peut-on lire — de surcroît — cette opérette primesautière avec sérieux. Et, du reste, la morale en est triste à pleurer, pour les dieux et pour les hommes.

Noël ARNAUD.

INTRODUCTION

La fille de Thestius et l'épouse de Tyndare, Léda, n'a pas cessé depuis l'Antiquité d'inspirer les artistes. Il est vrai que son histoire est séduisante et qu'à bien des égards elle apparaît même comme le modèle accompli de la séduction. On s'en souvient, Léda, aimée de Zeus, connaît le dieu des dieux sans le reconnaître puisque ce dernier, pour l'occasion, s'est métamorphosé en cygne. De leur union naît Hélène, d'après Homère. La légende la plus commune, reprise par Euripide et Hérodote, affirme que Léda produisit, suite à sa rencontre avec le cygne divin, deux œufs qui donnèrent naissance, l'un à Hélène, l'autre à Castor et Pollux. Cette interpénétration de l'ordre divin et de l'ordre humain échauffa les imaginations puisque, plus tardivement, on confondit Léda et

Némésis, attribuant à cette dernière la maternité de Pollux et d'Hélène, au terme d'une étonnante course-poursuite où elle a rivalisé d'ingéniosité avec Zeus en métamorphoses animales.

L'essentiel demeure toutefois que la légende de Léda connut trois moments privilégiés pendant lesquels les artistes la représentèrent : la statuaire hellénistique, les peintres de la Renaissance (avec, entre autres, Léonard de Vinci, Michel-Ange et Véronèse) et enfin la seconde moitié du XIXe siècle, où les opérettes d'Offenbach, les œuvres de Pierre Louÿs et de Gabriele d'Annunzio la redécouvrirent. C'est dans ce dernier contexte, volontiers démystificateur mais sensible à l'érotisme du mythe initial, qu'il faut lire et comprendre la *Léda* de Jarry.

On ne sait qu'assez peu de choses sur les circonstances d'écriture de cette opérette bouffe d'Alfred Jarry. Le manuscrit à partir duquel nous avons établi la présente édition, s'il est tout entier de la main de Jarry, porte en surcharge, sur la page de titre, et de la main même de l'auteur d'*Ubu roi,* la mention : « par Alfred Jarry et Karl Rosenval ». Encore ce dernier nom semble bien avoir été ajouté à la dernière minute, comme dans un soudain accès de remords. Fort probablement, Berthe Danville n'eut aucune part dans la rédaction de *Léda,* mais sans doute est-ce elle qui en conçut l'idée, voire en donna une sorte de synopsis à Jarry ; ainsi se trouverait expliquée cette nécessité de « s'entendre » à laquelle fait allusion la lettre adressée à Jarry le 29 avril et que cite Noël Arnaud dans la préface !

Nous savons, en tout cas, que les répétitions de *Léda* eurent lieu au concert des Folies Parisiennes ; toutefois, il est à ce jour impossible d'affirmer combien de fois l'opérette fut jouée : nous n'avons pu retrouver une seule allusion à sa représentation dans la presse de l'époque.

Il est vrai que les trois protagonistes de cette œuvre ne devaient guère avoir le temps de s'occuper comme il aurait convenu de leur commune progéniture puisque, dans le même moment, « Karl Rosenval » fait jouer à partir du 23 mai 1900, à la Bodinière, une opérette en un acte intitulée *l'Heure du berger,* que Claude Terrasse, multipliant les partitions, donne aux Folies Parisiennes *l'Amour en bouteille,* sur un livret de Franc-Nohain et que Jarry, tout en espérant terminer enfin, avec Demolder, l'interminable *Pantagruel,* met la dernière main à *Messaline,* qui commencera à paraître en feuilleton dans *la Revue Blanche* à partir du numéro du 1ᵉʳ juillet 1900.

A côté de ces deux dernières œuvres, *Léda,* par ses dimensions et son propos, peut apparaître comme une simple œuvrette ; elle doit pourtant retenir notre attention parce qu'elle possède dans l'économie et la thématique générales de l'œuvre une place et une valeur significatives.

C'est à la veille de la première d'*Ubu roi* que Jarry rencontre Claude Terrasse, beau-frère de Pierre Bonnard et, jusqu'alors, organiste et professeur de musique à l'école Saint-Elme d'Arcachon. Il est curieux de noter que Jarry, qui jamais ne fait montre d'une particulière sensibilité à la musique (il ne prend nulle position dans l'alors contemporaine « empoignade » autour de Wagner [1] !),

---

1. Toutefois, on peut se demander jusqu'à quel point le *Lohengrin* de Wagner et l'ici présente *Léda* sont tout

soit si complètement et immédiatement séduit par la musique de Terrasse, à tel point qu'il décide, dès 1897, en vue des représentations du Théâtre des Pantins, d'écrire pour lui. Il nous semble plus étonnant encore de remarquer que Jarry se plie très vite aux contraintes d'écriture très particulières de l'opérette, si bien qu'on peut en compter une dizaine de 1900 à sa mort. Cette « majesté du mirliton », ainsi que l'a appelée Noël Arnaud [1], envahit l'œuvre de Jarry, et singulièrement de 1900 à 1905 ; il n'est donc pas possible de la sous-estimer, encore moins de l'ignorer. En fait, Jarry ne renonce pas aux œuvres « sérieuses » —, *Messaline, le Surmâle, la Dragonne* le prouvent — mais ce que ces œuvres ont d'achevé, l'idée de la littérature que Jarry y exprime, ne trouvent tout leur sens, on ne l'a pas assez remarqué, que par ce contrepoint qu'apportent le théâtre mirlitonesque et les contemporaines *Spéculations* [2]. Bref, les

---

à fait étrangers l'un à l'autre : le passage biffé dans les indications scéniques de la scène III, et relevé en note, indique le contraire ; quant à la seconde lettre de K. Rosenval à Jarry, citée dans la préface, elle en fait l'aveu.

1. *Alfred Jarry ou la majesté du Mirliton*, Paris-Théâtre n° 240, 1967.

2. Il n'est pas interdit de penser que tous les textes consacrés à Ubu de 1893 à 1900 jouent le même rôle

opérettes écrites pour Claude Terrasse ne doivent pas apparaître comme une maligne tumeur qui viendrait inexplicablement, mais inexorablement, miner l'œuvre de l'intérieur — ou *a fortiori* manifester un tarissement de l'inspiration ; — bien plutôt, elles sont des concrétions nécessaires de la création littéraire jarryque et trouvent leur place dans l'économie générale de l'œuvre, nous permettant d'en mieux saisir le fonctionnement.

Cela dit, *Léda* est la seule opérette jarryque qui, dès son titre et par son sujet, butine ostensiblement dans la mythologie grecque ; Jarry ne s'y essaiera plus, contrairement à Terrasse qui illustra musicalement *Télémaque* et *les Travaux d'Hercule*. Ainsi, mis à part cette *Léda* (à laquelle il faut ajouter *Pieter de Delft* et *le Bon Roi Dagobert*, deux opérettes plus tardives), Jarry ne trahit pas la déclaration incluse dans le programme d'*Ubu roi* distribué aux spectateurs les 9 et 10 décembre 1896 : « Nous ne trouvons pas honorable de construire des pièces historiques. »

Mais, s'il se soumet, dans *Léda,* aux règles

---

par rapport aux *Minutes,* à *César-Antechrist,* aux *Jours et les Nuits,* etc.

implicites édictées par Meilhac et Halévy ou Hector Crémieux, et qui transpirent des livrets de *la Belle Hélène* ou d'*Orphée aux enfers* [1], il ne peut oublier, et nous ne le pouvons avec lui, qu'il parachève au même moment *Messaline*. Or ces deux œuvres, transposant l'Antiquité de manière différente, n'en sont pas moins, l'une et l'autre, deux façons d'exprimer l'Histoire telle que Jarry la conçoit ; de plus, elles apparaissent comme les expressions inversées, avers et revers, d'une même illustration du point nodal de la thématique jarryque : le Désir, assouvi ou irréalisable.

En effet, la proximité temporelle de *Léda ou la Louange des bienheureuses ténèbres* de Pierre Louÿs [2], dont Jarry put avoir connaissance, doit nous rappeler que l'auteur du *Surmâle,* et lui seul, fait subir au récit mythologique une très importante modification : il n'y a aucun rapport sexuel entre Zeus et Léda dans son texte. A la neuvième

---

1. Voir, sur ce point précis, la Postface de Patrick Besnier.
2. Publié en 1898 chez Borel, dans la collection Lotus Alba, il fut repris la même année au Mercure de France puis, en 1925, aux éditions Montaigne dans le volume intitulé *le Crépuscule des nymphes.*

scène de l'opérette, le cygne divin offre à Léda une bonbonnière, et c'est par l'entremise buccale d'une pastille que Léda mettra au monde Castor et Pollux !

Un tel bouleversement de la légende force les commentateurs à réfléchir car il met irrésistiblement en rapport textuel *Léda* et *Messaline,* illuminant alors, croyons-nous, ce leitmotiv jarryque : l'insuffisance, l'inutilité ou la stérilité du couple hétérosexuel.

Ainsi, à la prostituée impériale, d'un infini désir, qui ne peut être satisfaite à force de l'être trop, fait écho Léda, qui accepte de se prostituer presque, tant est tenace son désir, mais qui restera insatisfaite parce que la virilité promise se refuse au plus inattendu moment. Alors divergent les destins de la reine grecque et de l'impératrice romaine ; Messaline trouve la satisfaction de son désir dans la mort que le glaive, ornement viril par excellence, peut seul lui apporter [1] ; Léda

---

1. Dans son excellente édition annotée de *Messaline* (Eric Losfeld, 1977), Thieri Foulc affirme l'originalité de Jarry sur ce point. Rappelons toutefois que Tacite en ses *Annales* (XIV, 8) nous raconte qu'Agrippine dit au soldat venu la tuer : « Frappe ici » en désignant son ventre.

devra, elle, amante déçue, se contenter des réveils de Tyndare et orner sa terne vie quotidienne d'un amour idéal indéfiniment futur. Contrairement à l'Emma Bovary de Flaubert, elle préfère, au bout du compte, l'amour las de son royal époux aux promesses d'un dieu qui ne peut — ou ne veut — réaliser l'attente du désir féminin. A poursuivre le parallèle entre les deux héroïnes, une morale se dégage : il faudrait choisir entre le désir assouvi dans la mort et la vie, mais meurtrie d'une sensualité à jamais insatisfaite.

S'il n'est donc pas faux, comme on l'a trop répété, que *Messaline* et *le Surmâle* se font écho, Léda, le personnage et la pièce, vient former avec eux un trio qui enrichit notre compréhension des relations amoureuses d'après Jarry. Ce ne saurait alors être par hasard que la Léda qu'on nous présente ne donne naissance qu'aux deux jumeaux Castor et Pollux. Si elle n'engendre pas ici Hélène, c'est parce que Zeus, fût-il réduit au rang de

---

Jarry a sans doute interprété librement le passage, et assimilé les deux impératrices. La chose lui était d'autant plus facile que favorisée par le sens du mot « vagina » en latin, qui signifie « fourreau », réceptacle du sexe viril aussi bien que du poignard.

cygne, et peut-être pour cette raison même [1], ne
saurait en être le père. Bien plus, au treizième
chapitre du *Surmâle,* André Marcueil « découvre
la Femme » et, la tuant pour mieux la faire renaî-
tre, morte mais *enfin* vierge, il fait naître Hélène,
« vieux mais éternel nom de la beauté », d'Ellen
Elson. Mais on meurt d'une telle création car ce
n'est pas impunément qu'Hélène, la Femme, peut
naître. Ainsi, de même que le désir d'André Marcueil ou celui de Messaline ne s'assouvit que dans
la mort, de même le désir inassouvi de Léda, qui
lui laisse la vie sauve, ne peut engendrer l'idéale
beauté d'Hélène.

Que la Léda de Jarry, après ses rapports « chas-
tes » avec Zeus, soit seulement promise à la maternité du couple célèbre de Castor et Pollux ne doit
donc plus nous surprendre ; les deux frères, clas-
sique image de la fraternité adelphique, ne sont
frères, et durablement, que parce qu'ils n'ont pas
été conçus charnellement. *L'Amour Absolu,* l'année précédente, rappelait déjà, après *les Jours et
les Nuits,* qu'un homme, s'il veut réaliser sa divi-

---

1. En accord avec le très sémiologique jeu de mots
de la scène IV de *Léda,* rappelons que le Cygne est un
signe, non *une réalité.*

nité, ne doit pas avoir de parents, que sa mère est vierge ou doit le redevenir, et que l'accouplement humain n'engendre que la mort.

L'exercice de la littérature, auquel s'emploie Jarry, s'efforce de nous montrer que les mots doivent faire l'amour, et que les hommes ne le peuvent ; en cela opposé, par anticipation, à Cioran et Beckett, Alfred Jarry ne veut pas tant regretter ou nier sa naissance qu'abolir ses géniteurs et l'inadmissible rapport sexuel dont il est né. Si tant est, comme l'affirmait Hegel, que la naissance des enfants signifie la mort des parents, tout aussi symboliquement le geste des enfants qui ne veulent pas le rester doit être, nous dit Jarry, de tuer leurs parents afin de ne jamais le devenir à leur tour. C'est de cette opération qu'on s'engendre Dieu, dût-on y perdre la vie...

Ainsi donc *Léda* n'est pas un simple divertissement. Cette opérette accepte d'en faire semblant, sans doute, mais dans l'inanité sonore de quelques couplets, d'ailleurs plutôt bien troussés, se fait entendre *en creux* une voix plus grave qui permet cette gaîté superficielle pour mieux habiter l'œuvre et la nourrir de son secret refus.

Henri BORDILLON.

LÉDA

Opérette bouffe en un acte

Personnages

Dzeus, dieu de l'Olympe.
Tyndare, roi de Sparte.
Léda, femme de Tyndare.
Aglaia
Anne-Anké ⎱ suivantes de Léda.

La scène se passe en Grèce, dans le jardin d'une villa au bord de la mer, aux temps héroïques.

Léda

opérette bouffe en un acte.

par Alfred Jarry & Karl Rosenval

Personnages

Dzeus, dieu de l'Olympe.

Tyndare, roi de Sparte.

Léda, femme de Tyndare.

Aglaïa
Anne-Anthé } suivantes de Léda.

La scène se passe en Grèce dans le jardin d'une villa au bord de la mer, aux temps héroïques.

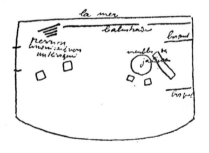

SCENE PREMIERE

Léda, Aglaia, Anne-Anké

Toutes *(bâillant).*

Aaah ! aaah ! aaah !

Léda *(de même).*

Ah ! que l'on bâille à la campagne
Quand on n'y reçoit point d'amis !
Ici l'ennui seul m'accompagne :
Peu de plaisirs me sont permis.

Les Suivantes

Son cœur de soupirs se gonfle,
             Aaah !
Et voici le roi qui ronfle.

41

ALFRED JARRY

(*Ronflement de Tyndare dans un Kios-que, à droite, qu'elles désignent.*)

LÉDA

O dieux ! écoutez ma requête :
Jeune femme d'un roi barbon,
Partout me poursuit l'étiquette ;
Aimer librement serait bon.

(*Elle soupire.*)

LES SUIVANTES

Son cœur de soupirs se gonfle,
      Aaah !
Et voici le roi qui ronfle.

LÉDA

O Dzeus, écoute ma supplique :
Ah ! prends pitié de mon tourment !
Vienne même la république
Si j'y dois trouver un amant !

AGLAIA

Son rang aux pleurs la condamne ;
Vois-tu rien venir, sœur Anne ?

(*Parlé :*)

Vraiment, ma sœur Anne, ne vois-tu rien venir ?

LÉDA

Hélas ! mes chères petites, que puis-je atten-
dre ? Mon mari me voue à la solitude pendant
toute la belle saison : il prétend que je me sur-
mène suffisamment l'hiver à courir les théâtres,
les restaurants où l'on soupe et les bals officiels :
« A la campagne il faut te reposer, mignonne, »
me dit-il. J'aurais voulu recevoir ici, mener la vie
de château, mais il s'est montré impitoyable.

En mon manteau de menu-vair,
Dans les lieux de haute fashion
Quand j'apparais les soirs d'hiver,
Ma grâce fait sensation.
Jaloux de mon chic étonnant,
Le roi m'a dit : « Ne vous déplaise,

Vous paradiez, j'en suis fort aise,
    Eh bien, dormez maintenant. »

Au spectacle, aux courses, au bal
C'est Léda qui donne le ton,
Et c'est un match au madrigal
Pour obtenir valse ou boston.
Jaloux du moins entreprenant
Le roi m'a dit : « Ne vous déplaise,
Ah ! vous dansiez, j'en suis fort aise,
    Eh bien, dormez maintenant. »

Mais dormir m'est impossible, mes nuits mêmes
se passent dans l'insomnie.

ANNE

Il n'en est pas de même pour le roi.

LÉDA

Ah ! que non:

Tyndare dort l'hiver, l'été,
En tous lieux, en toute saison,
Sur le dos ou sur le côté,
Sur son trône ou sur le gazon.
Un jour à cet époux gênant

44

Je dirai, moi : « Ne vous déplaise,
Ah ! vous dormiez, j'en suis fort aise,
Vous la danserez maintenant ! »

AGLAIA

Votre auguste époux, Madame, est un égoïste,
si je puis dire sans manquer au respect que je
dois à mon maître et souverain. Mais ne croyez-
vous pas que c'est de crainte de troubler son repos
à lui qu'il vous interdit de vous entourer d'amis
jeunes et bruyants ?

LÉDA

A qui le dis-tu, ma brave Aglaia ? Mon mari est
un vieux viveur qui a goûté à tous les plaisirs de
l'existence avant de m'épouser, et il ne suppose
point que mes vingt ans sont aussi affamés de
fêtes joyeuses que ses soixante hivers sont avides
de repos.

ANNE

Eh ! si sa vieillesse appelle le sommeil, qu'il
n'interdise point aux autres de se fatiguer à leur

tour afin qu'ils puissent jouir d'un repos qui alors seulement leur semblera désirable.

Aglaia

A nos âges, le temps passé à dormir paraît du temps perdu.

Léda

Ah ! petites, j'ai des soifs d'aventures, des fringales d'amour et de volupté ; je sens sourdre en moi des révoltes, je me sens prête à jeter aux orties le manteau royal qui m'étouffe et le diadème trop lourd à mon front de jeune femme.

Anne

Eh quoi ! Etre reine n'est pas un sort enviable ?

Léda

Non, Anne : mieux vaut pour une femme jeune et ardente être l'épouse d'un pêcheur beau et vigoureux que celle d'un homme vieux et laid, fût-il roi.

ANNE

Reine, qui vous empêche... ?

(*Elle pousse du coude Aglaia.*)

AGLAIA

Oui... la vieille Xipita nous a précisément parlé d'un pêcheur adolescent...

LÉDA

Mademoiselle, vous me manquez, je crois.

AGLAIA

Que Votre Majesté me pardonne, mais il me semblait pouvoir oser, pour calmer l'ennui dont se meurt Votre Majesté...

LÉDA

Hélas ! tu ne sais pas que ce qui rend cet ennui si pesant, c'est la certitude que nul ne m'en peut tirer.

Anne

J'avais cru vous entendre parler tout à l'heure d'un amant possible.

Léda

Justement. Ce n'est pas l'envie qui m'en manque, mais *(Les deux Suivantes se regardent étonnées.)* comprenez, fillettes, toute l'étendue de ma solitude : la plus humble de mes sujettes peut à son gré choisir dans la foule tel éphèbe dont le bras robuste l'aura conquise aux jeux olympiques. Moi seule, reine infortunée, je ne puis sans déchoir me donner qu'à un homme de mon rang. Or, des princes, il n'en est pas dans toute la Grèce qui ne soient largement pourvus en épouses et en concubines.

Anne

Et d'ailleurs, les hétaïres font de notre temps une concurrence terrible aux femmes honnêtes.

Aglaia *(flatteuse).*

Mais notre maîtresse n'est point digne seulement d'un prince, il est des dieux dans l'Olympe.

48

Léda *(songeuse).*

Oui, un dieu... Mais les dieux sont bien occupés. Le gouvernement des affaires terrestres les absorbe,

> *(Tyndare s'étire à la porte du Kiosque*
> *et descend en scène.)*

ce n'est pas une sinécure que d'être dieu.

Les Mêmes, Tyndare

Aglaia *(riant).*

Ah oui, on sait quelles sont celles d'entre les affaires terrestres qui les occupent le plus.

Tyndare *(s'étirant).*

C'est les petites femmes, les petites fafemmes, parbleu !

Je suis de votre avis, Mesdames,
Les dieux aiment les petit's femmes,
Tout comme les simples mortels.
Ils descend'nt souvent de l'Olympe,
Mais c'est pour froisser une guimpe,
Non pour visiter leurs autels.

50

Tous

Vivent les femmes ;
Les petit's femmes !
Leurs seins jumeaux [a]
Sont des dictames
A tous les maux.

Tyndare

Il en est des brunes, des rousses,
Et des ardentes et des douces :
A toutes va notre désir.
La noire, la jaune ou la blanche
A toujours du nerf ou d'la branche :
Sur terre il n'y a qu'à choisir.

Tous

Vivent les femmes,
Les petit's femmes !
Leurs seins jumeaux
Sont des dictames
A tous les maux.

Toutes

Vous étiez là, Sire ?

LÉDA (*empressée, lui présentant son front*).
Avez-vous bien dormi, mon ami ?

TYNDARE

J'ai eu des cauchemars : cette interpellation
annoncée pour demain sur la fourniture des bicy-
clettes pliantes aux hoplites de la Garde me poursuit jusque dans mes rêves. Le parti socialiste
devient bien remuant. Figure-toi, ma chère, que
Triptolème le député, le *leader* de l'extrême-
gauche, osait dire avant-hier à la tribune...

LÉDA

Sire, nous ne sommes que de pauvres femmes,
inaptes à nous assimiler les finesses de la politique.

TYNDARE

Allons donc, vous n'êtes guère de votre époque. Ne vient-on pas de fonder un journal, *le
Gynécée,* organe féministe ?... Vous n'êtes guère
de votre époque... ou plutôt, vous êtes trop de
votre époque, attendu que nous sommes aux
temps héroïques. (*Tirant une montre de sa chla-*

myde.) Mais je bavarde, et voici qu'il est cinq heures et quart. Mon conseil des ministres doit être réuni à Sparte depuis quinze minutes déjà. J'ai promis de le présider par téléphone. Je suis en retard.

Léda

Oubliez-vous, mon ami, que nous avançons de douze minutes et demie sur Sparte ?

Tyndare

C'est vrai, cependant il faut que je te quitte. Au revoir, ma chérie. (*Il l'embrasse. Aux Suivantes :)* Mesdames...

(*Il sort.*)

SCENE III

Léda, Aglaia, Anne-Anké

ANNE

Il faut avouer, Majesté, que le roi, s'il est vieux, n'est point morose : il chante fort gaîment son petit couplet.

LÉDA *(mélancolique).*

Bah ! il n'a pu dépasser le second, après le premier il était déjà tout essoufflé. Et puis il fait une vilaine grimace quand il chante.

ANNE

Pourtant il fut un héros irrésistible et valeureux jadis.

LÉDA *(avec un soupir)*.

Jadis. Mais je ne le connaissais point dans ce temps-là. A présent, il n'est pas très agréable à regarder. Si encore il m'était donné de contempler son visage rajeuni en la personne d'un fils qu'il m'aurait donné !... Ah ! que je m'ennuie !

AGLAIA *(naïvement)*.

Oui, les enfants sont une grande source de distraction pour une mère.

LÉDA

Ah ! Cela ou autre chose, n'importe quelle diversion à cette monotonie de mon existence ! Tenez, j'en suis arrivée, moi qui suis bonne, à désirer quelque accident qui nous amène des étrangers. J'en viens à souhaiter au conducteur de char qui passe devant notre porte de détraquer son carburateur, au yachtman d'échouer sa trirème sur le banc de sable qui affleure non loin de notre villa.

AGLAIA *(explorant des yeux les environs)*.

Anne, ma sœur Anne, ne vois-tu rien venir ?

ANNE *(regardant au fond à gauche).*

Je ne vois que la poussière qui s'élève sur la route de Marathon.

AGLAIA

C'est le chauffeur qui, n'en déplaise à Votre gracieuse Majesté, n'a rien détraqué du tout et s'éloigne en faisant teuf-teuf.

ANNE *(de même).*

Je ne vois qu'un nuage qui passe.

AGLAIA

C'est la fumée de l'express de cinq heures quarante-cinq, qui n'a déposé nul voyageur à la gare voisine, puisqu'il ne s'y arrête point.

ANNE *(de même).*

Je ne vois que le flot qui verdoie...

(On entend une sirène de bateau.)

LÉDA

Qu'est ceci ?

LEDA

AGLAIA

C'est le chant de la sirène,
Sirène du paquebot
Qui fait le service, ô Reine,
De Salamine à Lesbô.

ANNE

Tu parles avec aisance,
Mais à tort, car il est clair
Que c'est un yacht de plaisance
Dont l'appel vibre dans l'air.

LÉDA *(pensive).*

Je sens se troubler mon âme
A cet ineffable chant,
Et je crois voir une flamme
Illuminer le couchant.

(*Fanfare à l'orchestre. Projections électriques* [b]. *Dzeus paraît costumé en cygne.*)

SCENE IV

Les Mêmes, Dzeus

LÉDA

Dieu ! Ah ! Dieu !

DZEUS

Me voici !

TOUTES

Quel est cet oiseau-là [c] ?

DZEUS

Un cygne.

AGLAIA

Un bon cygne ?

Anne

Signe de quoi ?

Dzeus

Ah çà, mes petites, vous n'allez pas me servir, j'espère, toute la série des calembours qu'on fait toujours sur le mot *cygne* ?

Les deux Suivantes

Tu n'es guère poli de nous parler sur ce ton d'autorité. — Qui est-il ?

Aglaia

Ce ne peut-être qu'un figurant du Châtelet.

Anne

Certes, car la Mi-Carême est passée depuis longtemps.

Les Suivantes

Qui es-tu ?

Dzeus

Qui je suis ?
Sur Danaé la blonde
Je versai l'or pervers ;
Pendant ce temps le monde
Alla tout de travers.

(*Coup de tonnerre. Toutes se proster-
nent.*)

Toutes

Quel prodige étonnant !
C'est Dzeus, c'est Dzeus tonnant !

Dzeus (*les rassurant*).

Je suis fonctionnaire :
Je règle le compteur
Des vents et du tonnerre ;
J'en suis le directeur.

Toutes

Quel prodige étonnant !
C'est Dzeus, c'est Dzeus tonnant !

Dzeus

Je viens de l'Empyrée
En habit de gala.
Léda, mon adorée,
Tu pleurais, me voilà.

Toutes

Quel prodige étonnant !
C'est Dzeus, c'est Dzeus tonnant !

Léda

Jupiter, ô mon maître,
Dzeus tonnant, roi des dieux,
Quoi ! tu daignes paraître
En mon ciel radieux ?

Toutes

Quel prodige, etc.

Dzeus

Eh oui, je suis Dzeus en personne, plus connu
sous le nom de Jupiter.

Aglaia

Mais comment Dzeus, roi des dieux, s'offre-t-il à nos regards sous la forme d'un simple volatile ?

Léda *(interrogeant).*

En effet ?...

Dzeus *(bon enfant).*

Si j'avais voyagé en grande tenue avec toutes mes décorations, il m'eût fallu emporter aussi ma foudre et mes éclairs, et cela m'eût fait remarquer.

Toutes *(empressées).*

Certainement.

Dzeus

Maintenant, voyager en civil, ça manque de prestige.

Toutes *(de même).*

Certainement.

DZEUS

Alors j'ai cherché un costume à la fois... élégant et discret... et je crois l'avoir trouvé.

TOUTES (*de même*).

Certainement.

LÉDA

Donnez-vous donc la peine de vous asseoir. Vous accepterez bien... un sandwich? un cocktail?

DZEUS

Merci, l'étiquette me défend même en voyage de prendre autre chose que du nectar et de l'ambroisie.

LÉDA

Nous sommes tous deux victimes de l'étiquette. Mais j'y songe, je déroge gravement à toutes les règles du protocole.

(*Déclamé :*)

Dzeus, il faut pardonner à ton humble servante
Si son émotion, la chaleur énervante

Et l'éblouissement de te voir d'aussi près
Rend un peu familiers ces réceptifs apprêts.
J'eusse dû dès l'abord...

DZEUS

Madame, la galanterie la plus élémentaire m'interdit de vous demander pourquoi vous vous servez soudain de ce pathos. Je voudrais néanmoins savoir pour quelle raison tout à coup vous vous exprimez en vers.

LÉDA *(décontenancée).*

J'avais cru devoir en votre honneur employer la langue des dieux.

DZEUS

Naïve enfant ! Quand je voyage ce n'est point pour m'astreindre à tous les usages de l'Olympe.

LÉDA

Alors pourquoi n'acceptez-vous point le rafraîchissement que je vous offre *(avec intention)* de si bon cœur ?

DZEUS

Tu as raison, fais apporter à boire.

LÉDA

Le cocktail, n'est-ce pas ?

DZEUS

Du champagne !

(*Léda frappe dans ses mains, les Suivantes apportent à boire.*)

LÉDA

Champagne, ohé, champagne,
O lait des amoureux,
La gaîté t'accompagne,
   Vin généreux !

ENSEMBLE [d]

Champagne, ohé, champagne,
O lait des amoureux,
La gaîté t'accompagne,
   Vin généreux !

LÉDA

La plus noble conquête
De Bacchus rubicond,
C'est ta blondeur coquette
Qui dore le flacon !

ENSEMBLE

Champagne, ohé, champagne,
etc.

LÉDA

Vin propice aux ivresses,
Coule, coule à plein flot ;
Qu'il sorte des caresses
En mousse du goulot !

ENSEMBLE

Champagne, ohé, champagne,
etc.

(*Sur un signe de Léda, les Suivantes sortent.*)

Dzeus

Allons, tout à la joie ! Et quant à la conversation, qu'elle soit familière : laissez de côté les formules encombrantes, je veux être pour vous un bon ami, qui vient vous rendre visite sans cérémonie, en voisin. Traitez-moi comme une vieille connaissance.

Léda

Comment Dzeus, maître des dieux, assembleur des nuées, me permet-il de l'appeler ?

Dzeus

Appelle-moi : mon gros lapin vert, ou plus familièrement... : prince, tout court.

Léda

Mais vous ne m'apprenez point... prince, ce qui me vaut l'honneur...

Dzeus

Ne m'as-tu pas invoqué ?

Ta voix éperdue
Clamant son émoi
Montait jusqu'à moi
Et fut entendue.

Je pris ma jumelle :
Lors, te regardant,
Mon désir ardent
Te découvrit belle.

Vite j'ai fait signe
Que l'on préparât
En grand apparat
Mon habit de Cygne.

Le maître suprême
A dit : Me voici !
Donc plus de souci :
O Léda, je t'aime !

LÉDA

Est-il possible ?
Joie indicible !
Dzeus Jupiter,
Roi de l'Ether,

LEDA

Dzeus en personne !
Ah ! je frissonne.

DZEUS

Non, Dzeus oublie,
Femme jolie,
Son firmament,
Et jure, amant,
A ta puissance
Obéissance.

Je t'aime, je t'adore ! *(bis)*

LÉDA

Redis, redis encore ! *(bis)*

ENSEMBLE

Je t'aime, je t'adore !
Quelle soudaine aurore
Luit à nos yeux charmés ?

SCENE V

Les Mêmes, Tyndare

TYNDARE *(rentrant).*

Eh mais... eh mais... eh mais !
M'expliqu'rez-vous, madame,
Cette conduite infâme ?
Quel est ce monsieur-ci ?

LÉDA

N'en prenez nul souci.

TYNDARE

Ah ! la chose est trop forte !
Voulez-vous que je sorte ?
Je gêne vos ébats ?

DZEUS

Ne vous échauffez pas.

TYNDARE *(examinant Dzeus).*

Quel singulier costume !
Votre amant, je présume,
N'est pas notre voisin ?

LÉDA

Prononcez : mon cousin.

TYNDARE

Quoi ! C'est votre cousin ?

LÉDA

Monsieur est mon cousin.

DZEUS

Oui, je suis son cousin.

TYNDARE

Ton cousin ?

Léda

Mon cousin.

Dzeus

Son cousin.

Ensemble

Mon
Ton } cousin !
Son

SCENE VI

Les Mêmes, les Suivantes

LES SUIVANTES *(accourant, ensemble avec le trio) :*

Son cousin !

TYNDARE

Si j'ai bien entendu, Monsieur est ton cousin ?

LÉDA *(très vite).*

Son grand-père était le frère de la femme du père de ma mère.

TYNDARE

Vous êtes donc proche parent de ma femme, Monsieur... ?

Dzeus

Du Cygne, premier danseur au Châtelet. *(A Léda).* Utilisons la méprise de vos suivantes pour dissimuler aux yeux de votre mari.

Tyndare

Alors vous figurez au Châtelet ? — Je ne savais pas, mignonne, que tu eusses des parents au théâtre.

Léda *(détournant la conversation).*

Dites-moi, mon ami, le conseil des ministres s'est bien passé ? Que répondra demain le président du conseil à l'interpellation de Triptolème sur la politique extérieure ?

Tyndare *(sentencieux).*

Ma chère amie, laissons cela. Le véritable gentleman n'importune pas son hôte du récit de ses petites affaires, fussent-elles même des affaires étrangères.

Dzeus *(galant).*

Ne suis-je pas de la famille ?

Tyndare *(empressé).*

Mais certainement, considérez-vous ici comme chez vous : ma maison est votre maison, ma fortune est votre fortune, ma femme...

Dzeus

Est ma cousine, ma belle cousine.

(*Il lui baise la main.*)

Tyndare

Vous voyagez pour votre plaisir, beau cousin ?

Dzeus *(regardant Léda).*

Oui, pour... mon plaisir.

Léda *(gracieuse).*

Et le nôtre.

Tyndare

A tous. Mais vous devez être fatigué. Aglaia, Anne-Anké, des sièges.

(*Ils s'asseyent.*)

Léda

Vous venez en effet de bien loin.

Tyndare

Léda, demande donc au chevalier de nous raconter ses aventures de route.

Léda

Nous vous écoutons.

Dzeus

(Parlé :) Premier couplet !

Mon père n'a que deux enfants comme famille :
Moi je suis le garçon et ma sœur c'est la fille.

> Je le dis sans façon :
> Une fille, un garçon.

Tous

> Noble passant, *(bis)*
> T'es bien intéressant, *(bis)*
> Noble passant !

Dzeus

(Parlé :) Deuxième couplet !

L'autre jour mon papa m'a dit, l'air taciturne :
Il convient qu'à ton âge on sorte de sa turne :

>Prends ton casque d'airain
>Et monte dans le train.

Tous

>Noble passant, *(bis)*
>T'es bien intéressant, *(bis)*
>Noble passant !

Dzeus

(Parlé :) Troisième couplet !

Il me mit dans la main, pour faire le jeune
>[homme,
La pièce de cent sous indispensable en somme,

>Et ce fil conducteur,
>Un bon indicateur.

Tous

>Noble passant, *(bis)*
>T'es bien intéressant, *(bis)*
>Noble passant !

DZEUS

(Parlé :) Quatrième couplet !

Il ajouta : pour franchir la mer il est sage
A bord d'un paquebot [e], fils, de prendre pas-
[sage...

    Je suivis cet avis,
    Cet avis je suivis !

    (Tyndare commence à somnoler.)

AGLAIA

Je ne comprends pas bien... noble passant :
comment, vous êtes venu à la fois en chemin de
fer et en bateau ?

DZEUS

Faites donc pas attention. *(Montrant Tyndare.)*
Tout ce que je lui raconte là, c'est de la blague.
(A Léda.) Faut-il continuer ?

LÉDA

Encore un couplet, il ne dort pas tout à fait.

LEDA

Tyndare *(rêvant à demi, chante seul) :*

Noble passant, *(bis)*
T'es bien intéressant...

Tous *(reprennent bruyamment) :*
T'es bien intéressant, *(bis)*
Noble passant !

Dzeus *(en sourdine).*
Après tous ces dangers, toutes ces aventures...

Tyndare *(réveillé subitement).*
Quels dangers ? quelles aventures ?

Tous
N'interrompez pas. *(A tue-tête :)* Dix-septième couplet !

Dzeus *(reprenant).*
Après tous ces dangers, toutes ces aventures...

(Ronflement de Tyndare.)

79

O ma Léda, songeons à nos amours futures !
Le sommeil de ce vieux
Nous sert on ne peut mieux.

LES SUIVANTES

Noble passant, *(bis)*
Tu d'viens intéressant, *(bis)*
Noble passant !

(*Les deux amants s'enlacent et chucho-
tent.*)

DZEUS

Vienne le doux moment !

LÉDA

Je t'aime follement !

TOUS *(en sourdine).*

N'éveillons pas le roi qui dort ;
Ronfle, Tyndare, ah ! ronfle fort.
Ronfle, Tyndare...
Que le bruit de tes ronflements

Couvre les soupirs des amants :
  Ronfle, Tyndare...

DZEUS

O louloute à son loup !

LÉDA

Tu me troubles beaucoup !

TOUS

N'éveillons pas, etc.

DZEUS

Chérie à son chéri !

LÉDA

Prends garde à mon mari !

TOUS

N'éveillons pas le roi qui dort :
Ronfle, Tyndare, ah ! ronfle fort,
  Ronfle, Tyndare...
Que le bruit de tes ronflements

Couvre les soupirs des amants :
Ronfle, Tyndare...

(*Silence. La cessation du chant, qui
avait endormi Tyndare, le réveille.*)

TYNDARE *(à Dzeus).*

Vous avez fort bien voyagé ; je... vous suivais,
tout en dormant.

LÉDA *(sévère).*

Mon ami, le véritable gentleman ne dort pas en
société.

TYNDARE

C'est vrai, ma bonne, Je m'en vais dormir
ailleurs. *(A Dzeus).* Je vous demande pardon...

DZEUS

Faites donc, je vous en prie.

TYNDARE

Excusez-moi... vraiment... les fatigues du trône...

(*Il bâille et s'affaire, les Suivantes l'en-
traînent.*)

SCENE VII

Dzeus, Léda

LÉDA *(à Dzeus immobile).*

Eh bien ?

DZEUS

Eh bien ?

LÉDA

Nous voici libres de... causer. Profitons des quelques moments de solitude que nous procure l'absence de mon mari.

(Minaudant.)

Vous ne me paraissez guère empressé... mon gros lapin vert.

Dzeus *(olympien).*

(Déclamé :)
Jamais acte des dieux ne fut précipité,
Car ils ont devant eux toute l'éternité.

Léda *(timide).*

Prince... pardonnez à une petite mortelle impatiente.

Dzeus

Dans un tout petit instant, tu seras très satisfaite.

(Fausse sortie.)

Léda

Quoi !... il m'abandonne !...

(Il sort.)

SCENE VIII

LÉDA
(regardant au fond, à gauche).

Que fait-il ? Il rentre dans sa nacelle... Ciel !
Va-t-il s'éloigner ? Après m'avoir entr'ouvert les
portes de l'Empyrée ! *(Joyeuse.)* Non, il revient,
il porte un petit paquet ! Veut-il me faire un
riche présent ? Mais son amour me suffisait.

SCENE IX

Léda, Dzeus

DZEUS *(rentrant)*.

Maintenant, ma chère, je suis tout à vous... à toi ! à toi ! A toi mon amour immortel ! Aimons-nous comme aiment les dieux !

LÉDA

Mon prince... non : mon chéri, mon roi, mon dieu !

DZEUS

Léda, ma bien-aimée, Léda !

LÉDA

Mon adoré, dieu puissant !

LEDA

DZEUS

(se dégageant de l'étreinte, remet entre les mains de Léda le petit paquet et s'éloigne.)

LÉDA *(Elle s'assied).*

Est-ce fragile ?

(A cet instant le paquet se défait et une bonbonnière en forme de cygne en tombe, sur les genoux de Léda. Elle pousse un cri et regarde autour d'elle.)

Quoi ! C'est tout ! Il est parti ! Est-ce donc un présent d'adieu ? Une simple bonbonnière. *(Elle l'ouvre.)* Des pastilles. Goûtons toujours. *(Elle en prend une.)*

DZEUS *(rentrant d'un pas).*

(Déclamé :)

L'amour de Dzeus sur toi, femme, épandit sa
[gloire !
Deux jumeaux te naîtront que chantera l'his-
[toire :

87

Dans le ciel olympien, parmi les astres d'or,
On verra scintiller et Pollux et Castor !

(*Il disparaît. Lueurs d'apothéose.*)

LÉDA

(*laissant tomber la bonbonnière*).
Hein ? J'aurai un fils ! deux fils ! pour avoir
croqué une pastille ! Une seule pastille !

DZEUS (*rentrant encore d'un pas*).

Si tu trouves ces pastilles bonnes, reprends-en,
ne crains pas d'épuiser mes... richesses : elles sont
infinies !

(*Il disparaît.*)

LÉDA

Mais je n'ai pas trouvé cela si excellent !
L'amour des dieux est vraiment une chose bien
singulière... et qui me déçoit étrangement.

L'amour des dieux est décevant.
On le croit merveilleux... avant ;
Après, quelle déconvenue[r] !

88

LEDA

Le rêve s'enfuit vers la nue :
L'amour des dieux est décevant.

Les dieux abusent les humains :
Leurs présents glissent dans les mains ;
Surtout s'il s'agit d'une femme,
Vraiment leur conduite est infâme !
Les dieux abusent les humains.

J'en attendais mieux ! *(Elle appelle :)* Tyndare !
Tyndare [g] !

SCENE X

Léda, Tyndare, les Suivantes

Tyndare

Qu'y a-t-il, mignonne ? Qu'y a-t-il ? Mais je ne vois plus ton cousin.

Léda

Quel cousin ? Ah oui, Monsieur *Du Cygne !* Eh bien, c'est un fier goujat ! un goujat !

Tyndare

T'aurait-il manqué de respect ?

Léda

Non, je te l'assure !

Tyndare

Alors, qu'y a-t-il ?

Léda

Il y a que je t'aime ! Mon mari, mon chéri ! Ne cherche pas à comprendre... *(Lui criant aux oreilles.)* Je t'aime !

(Elle se jette à son cou.)

Un homme en os, en chair
A présent m'est plus cher
Que tous les dieux du monde,
Qui n'ont que la faconde.

Tous

Un bon vieux
Vaut bien mieux
Que ces enjôleurs de dieux !

Léda

Un Immortel vraiment
N'est qu'un piteux amant.
Pour la femme gentille
C'est peu d'une pastille !

Tous

Un bon vieux
Vaut bien mieux
Que ces enjôleurs de dieux !

Aglaia

Quel revirement subit !

Anne

Tout ce qui reluit n'est pas or, je suis de l'avis
de la reine. Quelquefois un vieux roi vaut mieux
qu'un jeune Olympien...

Aglaia

Ou même qu'un noble passant. Alors tu crois
qu'il n'était pas...

Anne

Intéressant.

Léda

O mon bon vieil époux,
Je n'aimerai que vous
Durant toute ma vie.
    L'idéal,
    C'est fatal,
    Fait envie ;
Mais de déception
La folle passion
Sera toujours suivie.
Mieux vaut n'aimer que vous,
O prosaïque époux !

ALFRED JARRY

Chœur final

L'idéal,
C'est fatal,
Fait envie ;
Mais de déception
La folle passion
Sera toujours suivie

Il faut n'aimer que { vous,
{ nous,

Prosaïques époux !

FIN

Chœur final

D'idéal.
C'est fatal,
Fait envie ;
Mais de déception
La folle passion
Sera toujours suivie.
Il faut n'aimer que { vous,
                     { nous,
L'irvoisiques époux !

FIN

NOTES

Les variantes provenant du manuscrit conservé à la bibliothèque de l'université d'Austin sont précédées des lettres : M A ; celles provenant du manuscrit ayant appartenu à Tristan Tzara sont précédées des lettres : M T. Elles sont appelées dans le texte de Jarry par les lettres minuscules.

(*a*) M T : Car les déesses sont trop grandes
　　　　　　 Aux plus chaleureuses demandes
　　　　　　 Elles oppos'nt un marbre blanc

　　　　　　 Il en est des brunes, des rousses
　　　　　　 Et des ardentes et des douces
　　　　　　 Et des noires comme la poix
　　　　　　　　 Et couleur de cire
　　　　　　 A la chair de flamme ou de bois
　　　　　　 Il en est de roses, de pâles
　　　　　　 Et des noires comme la poix

Les trois premiers vers de cette variante étaient biffés dans M T.

(*b*) M A : Quatre lignes sont rayées. Toutefois, on peut lire l'expression « nacelle traînée par un cygne », évidente référence parodique au *Lohengrin* de Wagner. En outre, la disparition de cette expression rend obscure la remarque de Léda à la scène VIII.

(*c*) M T :

TOUS

Quel est cet oiseau-là ?

DZEUS

Un cygne.

AGLAIA

Un bon cygne ?

ANNE-ANKÉ

Signe de quoi ?

DZEUS

Ah çà ! mes petites, vous n'allez pas me servir, j'espère, toute la série des calembours que je subis quand je [qu'on a l'habitude de faire] qu'on fait toujours sur ce mot là

98

(*d*) M A : *Dzeus et Léda, les suivantes.*

(*e*) M T : A bord d'un bon vapeur.

(*f*) M T : Mais après quelque déconvenue.

(*g*) Dans M A, on peut lire, biffé : *(Elle sanglote).*

POSTFACE

DU JEU DE L'OIE AU JEU DU CYGNE

Au mois de novembre 1899, le Théâtre des Nouveautés reprit avec succès *la Belle Hélène* (qui n'avait pas été donnée à Paris depuis 1890). Les représentations se poursuivirent jusqu'au printemps 1900. Il ne serait pas étonnant que Jarry ait trouvé là le propos de sa *Léda* présentée le 15 mai 1900.

Loin de chercher un quelconque renouvellement de l'opérette « antique », Jarry s'ingénie à reproduire les tics, les mots, les mécanismes de Meilhac et Halévy, avec la jubilation qu'éprouvait à la même époque, spectateur acharné de l'opérette, Raymond Roussel. *Léda* est un « à la manière de » Meilhac et Halévy dont nombre des ingrédients se trouvent dans *la Belle Hélène*. Les allusions à Léda et son cygne abondent dans l'œuvre d'Offenbach, Hélène étant proprement obsédée par l'aventure maternelle.

Au deuxième acte — intitulé *Le jeu de l'oie* — le décor montre « une salle dans les appartements particuliers de la reine », où l'on découvre

> au fond, à droite, un tableau représentant Léda et le cygne : Léda est seule dans un bois, et, au fond d'une allée, le cygne s'approche la tête haute et l'œil animé.

A la scène III, Hélène médite, « regardant longuement le tableau » :

> J'aime à me recueillir devant ce tableau de famille !
> ... Mon père... ma mère... les voici tous les deux...
> O mon père, tourne vers ton enfant un bec favorable !...

Léda est encore l'occasion pour les trois auteurs d'une auto-citation (le rondeau d'*Orphée aux enfers*) et d'une remarque de la reine ; une voix dans la foule l'ayant traitée de *cocotte,* elle philosophe sur les lois de l'hérédité : « Est-ce de ma faute ?... moi, la fille d'un oiseau, est-ce que je puis être autre chose qu'une cocotte ? »

Il n'est pas surprenant dès lors de retrouver chez la mère (et Jarry) les traits de la fille ; les ressemblances sont frappantes. Elles éprouvent le même malaise devant les conventions sociales et le « rang » qu'elles doivent tenir : « J'aurais voulu être une bourgeoise paisible, la femme d'un brave négociant de Mitylène... » dit Hélène, tout comme sa maman : « Je me sens prête à jeter aux orties le manteau royal qui m'étouffe... »

Toutes deux sont atteintes d'une maladie étrange qui, par crises, les pousse à s'exprimer en vers, déroutant leur interlocuteur ; Hélène découvrant « l'homme à la pomme » :

> Je ne sais dans quel rang le hasard l'a placé,
> Mais je sais que son front est brillant de génie,
> Et que jamais plus fier visage n'a passé
> Dans le rêve éclatant d'une reine endormie !

CALCHAS

Des vers, madame ?

HÉLÈNE

Sont-ce des vers ?... je ne sais... cela m'est venu tout naturellement en le voyant.

Léda réagit semblablement devant Dzeus :

LÉDA

Dzeus, il faut pardonner à ton humble servante
Si son émotion, la chaleur énervante
Et l'éblouissement de te voir d'aussi près
Rend un peu familiers ces réceptifs apprêts.
J'eusse dû dès l'abord...

DZEUS

Madame, la galanterie la plus élémentaire m'interdit de vous demander pourquoi vous vous servez soudain de ce pathos. Je voudrais néanmoins savoir pour quelle raison tout à coup vous vous exprimez en vers.

Ce n'est pas chez les seules reines éponymes qu'existent les ressemblances. Comme Meilhac et Halévy (comme, à vrai dire, la plupart des auteurs d'opérettes antiques, dont Meilhac et Halévy ont fixé la forme), Jarry utilise systématiquement les anachronismes. On en trouve à chaque scène de *la Belle Hélène,* depuis l'album de timbres de la petite princesse Hermione jusqu'à l'annonce finale « les voyageurs pour Cythère, le train va partir » en passant par la charade sur le mot *locomotive* dont Pâris remarque « c'est très fort d'avoir trouvé ça quatre mille ans avant l'invention des chemins de fer ». Les personnages de *Léda* ont, eux aussi, trouvé beaucoup de choses quatre mille ans avant : le cocktail, le sandwich, le téléphone, l'express de 5 h 45, etc.

On trouve aussi d'autres détails en écho d'*Hélène* à *Léda* ; ils confirment chez Jarry le souci marqué de ne pas innover, de reproduire sans l'altérer un modèle existant : voir comme il se conforme — avec quelle platitude appliquée ! — à des morceaux obligés, tels que les couplets du champagne ou l'éloge des « p'tit' femmes » sans lesquels il n'est pas d'opérette. Quant au duo Dzeus-Léda, il égale les plus mallarméennes trouvailles du grand Scribe :

> Non, Dzeus oublie,
> Femme jolie,
> Son firmament
> Et jure, amant,
> A ta puissance,
> Obéissance.

Ces allusions, ces rapprochements, ce ton, Terrasse les eût mis en valeur par autant de citations, réminiscences ou parodies musicales dans le souvenir d'Offenbach — comme il le fit avec efficace et humour, dans son *Faust en ménage,* à partir de Gounod. La partition de *Léda* nous manque, pour en comprendre totalement le livret.

Léda n'est pas le seul témoignage du goût de Jarry pour Meilhac et Halévy. Paru dans *la Revue Blanche* du 1ᵉʳ mars 1901, son compte rendu des tomes III et IV de leur *Théâtre complet* lui permet de dire son admiration et de citer en particulier un profond dialogue philosophique (extrait de *la Mi-Carême*) sur les vertus comparées des fonctions d'amant et de concierge.

Patrick Besnier.

TABLE